Reflexiones de mí... para tí

Rosalba Nieto

ISBN: Tapa Blanda 978-1-4633-1430-9
Libro Electrónico 978-1-4633-6301-7

Este Libro fue impreso en los Estados Unidos de América.

Fecha de revisión: 17/07/2014

Para realizar pedidos de este libro, contacte con:
Palibrio LLC
1663 Liberty Drive
Suite 200
Bloomington, IN 47403
Gratis desde EE. UU. al 877.407.5847
Gratis desde México al 01.800.288.2243
Gratis desde España al 900.866.949
Desde otro país al +1.812.671.9757
Fax: 01.812.355.1576
ventas@palibrio.com
359556

MI LIBRO,

MI IMAGINACIÓN

Mmm… ¡Hola!

Este es mi libro y puedo escribir

lo que yo quiera, ¿sabes?

puede ser sobre la realidad

o sobre cosas que vuelen en mi imaginación.

IMAGINACIÓN

¿Quién la alimenta?

¿De dónde viene?

Será una musa, un muso?

Seres que no podemos ver, pero sí escuchar

¡Claro!

No el tipo de voz que estamos

acostumbrados entre humanos,

no sé de dónde provenga,

quizá simplemente de cosas

que nuestros sentidos han

captado a lo largo de nuestra existencia.

Tomaré cualquier opción,

¿Sobre qué escribiré?

Buen punto…

no tengo idea,

pero como te dije es mi libro y puedo escribir lo que yo quiera,

el problema es que no sé sobre qué…

creo que muchas veces eso nos pasa en múltiples situaciones,

Tenemos un Cuerpo y no sabemos qué hacer con él,

Tenemos un Trabajo y no sabemos qué hacer con él,

Tenemos una Pareja y no sabemos…

eeéh … momento aquí ya es todavía más difícil

ya que las personas no se poseen

y eso es una maravilla, porque así es más emocionante,

tener que cuidar, procurar a otra persona

y darle su importancia,

esto lo considero muy importante,

es algo que yo no tomaba en cuenta.

La vida mientras se va viviendo,

nos va enseñando cosas y

se le va tomando cierto sabor inexplicable,

¡pero es muy importante vivir!

Saber para qué nacimos y hacer algo,

lo que sea, no importa, no te quedes quieto,

¡de verdad¡ ¡muévete!

Es peor no hacer nada a que te equivoques en algo,

(claro sin dañar a otros),

esto es muy trillado,

pero porque es una Gran Verdad,

y lo repito porque muchas veces oímos algo

y necesitamos volver y volver a escucharlo,

- a mí me ha pasado en varias ocasiones -,

es como si ¡pic!

Sintiéramos un Chispazo en el Cerebro

y pusiéramos atención a determinado pensamiento…

y ¡EUREKA!

Lo pongamos en práctica, en ACCIÓN.

No me gusta sonar que doy consejos y justo acabo de dar uno.

Así que ¡ey! Espero que lo tomes en cuenta.

Estábamos en que este es mi libro

y puedo escribir lo que yo quiera,

¡OK! Si lo estás leyendo tú, también es tu libro,

solo que yo seré la "consejera" y tú serás mi "discípulo",

si quieres tú ser el "consejero" escribirás tú otro libro,

y tendrás otros discípulos, ¿ok?

¡Ya sé! Será de Consejos, o más bien ¡de Reflexiones!

Si éstas "Reflexiones" te sirven para mejorar tu vida

¡Te Felicito de verdad con Todo mi Ser!

y si te sirven de inspiración para algo más que sirva

a mejorar la vida de otros, seremos más,

con solo usar tu imaginación para ser Feliz y Sonreir,

EL MUNDO,

NUESTRO MUNDO,

SERÁ MEJOR…

¡GRACIAS!

PALABRAS DEL AUTOR

Rosalba Nieto Zúñiga

ELIGIENDO PENSAMIENTOS

La mente es sumamente compleja,

es como si tuviera identidad propia

porque a veces se nos vienen a la mente

ideas y pensamientos

que no queremos,

aun así tenemos la libertad

de escogerlos

y entre estos elegir algunos

que llevaremos a la acción,

siendo esta parte

muy importante,

ya que los pensamientos

pueden ser "buenos" y "malos",

¿y sabes qué?

ya no escribiré más

porque prefiero

dejarte pensando…

COSAS INEXPLICABLES

La vida está llena de dudas,

de cosas inexplicables,

misteriosas,

¿me permites darte un consejo?

Las que puedas llegar a entender,

investígalas,

busca respuesta;

Las que no,

acéptalas,

y ya.

DE LA VIDA HE APRENDIDO

De la vida he aprendido

que EXISTEN LEYES

pero NO REGLAS para vivirla,

y si vives aceptando

ésta fórmula

estás llendo a favor

de la corriente.

Algunas de las leyes son:

Crecer

Amar

y Reír.

POR QUÉ Y CÓMO

Si ya te has preguntado

¿Por qué?

Por qué no puedes

hacer tal o cual cosa,

mejor dedica tu tiempo

en el ¿Cómo?

Cómo poder hacerlo,

y en cuanto tengas la respuesta,

¡HAZLO!

CAMINOS

Cada quien

puede llegar

al mismo lugar,

usando un camino

diferente.

No conviene

aferrarse

a que el otro

elija tu camino.

Estate seguro de que

cada quien llegará

a su lugar

cuando tenga que llegar,

ó al lugar que exactamente

le corresponde en ese momento.

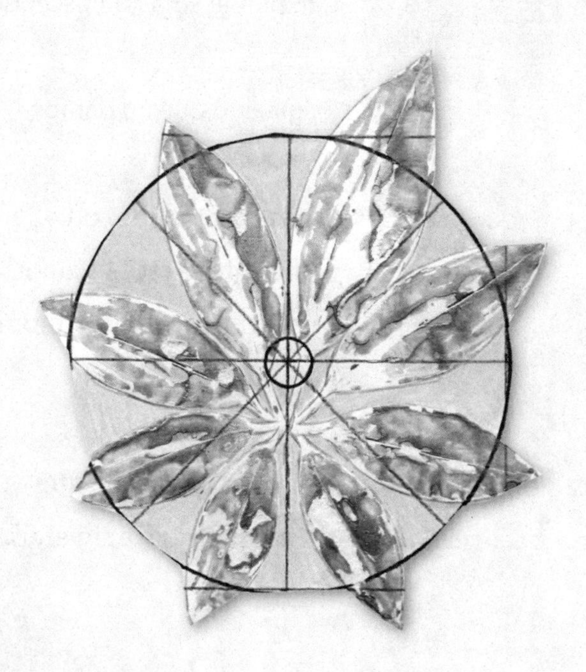

YO TE MALTRATO PERO TÚ QUIEREME

Uno de los mayores errores
del Ser Humano
es querer maltratar a alguien
y esperar que esa persona le quiera.

En cuanto al maltrato me refiero a
mal (espacio) trato,
no sólo al físico, sino y sobre todo al mental
que puede llegar a trascender a otros planos.

Exigir algo que no damos,
no es lógico,
Si das odio- recibes odio,
Si das amor – recibes amor,
¿es eso tan difícil de comprender?
Pues pareciera que sí
en cuanto a los hechos,
te invito a que lo medites,
y si piensas que te sirve, ¡úsalo!

GENTE PARTE DE LA NATURALEZA

Entre más conozco a la gente

menos le temo.

Siento que son como yo

con cualidades y defectos.

No temas al qué dirán

que ellos

como quiera dirán.

ME TRONARON

Que raro se siente

cuando lo cortan a uno,

La primer pregunta

es ¿Por qué?

y luego vienen otras como

¿Qué hice mal?

¿Qué tengo de mal?

ó fue porque no le gusto,

o no le gusto lo suficiente,

ó… ¿habrá alguien más?

Encontré la Respuesta:

Porque no era para mí.

Y a mí no me tendrá.

EL ARTE Y EL DEPORTE

El Arte y el Deporte
son un camino para
sacar todo lo malo
que llevamos dentro,
y…¿qué a dónde
se va esa basura?
A la Naturaleza,
pero no te preocupes
porque sale purificada,
entonces…
el Arte y el Deporte
son un camino de
desintoxicación.

EL TORBELLINO

La vida a veces puede ser

como un torbellino

en el que se embrollan

nuestros pensamientos

y sentimientos,

cuando andamos por el centro

estamos en verdaderos problemas,

una vez entrado al torbellino

no es fácil salir,

PERO NUNCA ES IMPOSIBLE.

SUEÑOS TEMEROSOS

Los Sueños temerosos

son como una semilla

que teme convertirse

en aquella planta,

árbol, flor o fruto.

¿Te imaginas por un instante

que todas las semillas

tuvieran miedo de crecer?

Por Suerte las Semillas

no piensan.

SUEÑOS TEMEROSOS A SER REALIZADOS

A veces ocurre que uno

desea sueños

pero en su subconsciente

uno no quiere realizarlos

por temor de perderlos.

A mí me pasó eso,

hasta que descubrí

que puedo realizar mis sueños

y crear otros sueños

en mi imaginación.

¿Y sabes qué?

Te aseguro dos cosas,

que serás más feliz

y que tus nuevos sueños

serán aún mejores.

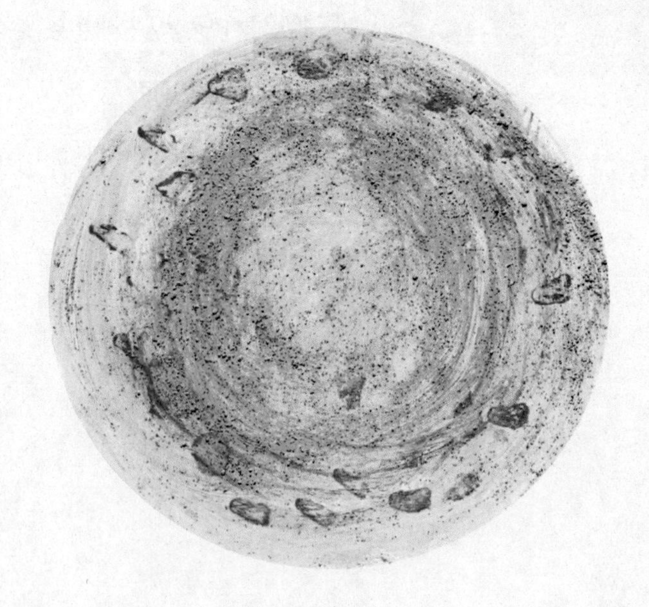

CERRAR UNA ETAPA

Cerrar una etapa
de la vida,
se siente raro
pero es reconfortante
porque es como
borrón y cuenta nueva.

Un volver a comenzar,
con más ánimo,
más experiencias,
más capacidad.

Es Querer estar limpio
por dentro
y por fuera.

COMPETENCIA DE QUEJAS

La gente se queja tanto

como si quisiera hacer competencias,

la mala noticia es que

No dan Premio Nobel,

Ni Record Guiness

por:

"LA PERSONA QUE MÁS HA SUFRIDO",

Bueno si acaso puedes

Ganar un Oscar,

siempre y cuando sea por

actuación en una película.

… entonces ¿Para qué Sufrir?

¿Qué Ganamos?

Esto es como para pensarse.

No te pongas al nivel

de aquellos que intentan

sacarte de tu centro.

-Confía más en ti-

No te critiques

a ti mismo,

los demás lo harán,

¿con eso es suficiente

no te parece?

Tú échale ganas,

apuesta por ti.

Cuando te insulten,

no enfoques tu atención en eso,

seguro que son palabras

mal intencionadas,

y TÚ ERES MÁS QUE ESO.

Verás que con tu indiferencia

revertirás el insulto

de una manera categórica.

Yo Conozco Plenamente

el Sufrimiento…

Doy Gracias a

Dios por ello,

¡PERO YA APRENDÍ!

Y Yo Ya No lo necesito más.

Es mejor

recoger la basura

aunque me dé asco,

que dejar sucio

y siga apestando.

(Con tus pensamientos

es lo mismo).

El miedo agarré

y lo tiré a la basura,

como se hace

con las cosas

que no sirven

para nada.

No se debe

estar temeroso

por lo que puede

o va pasar

en la vida

las cosas pasan

sin tomar en

consideración

al miedo.

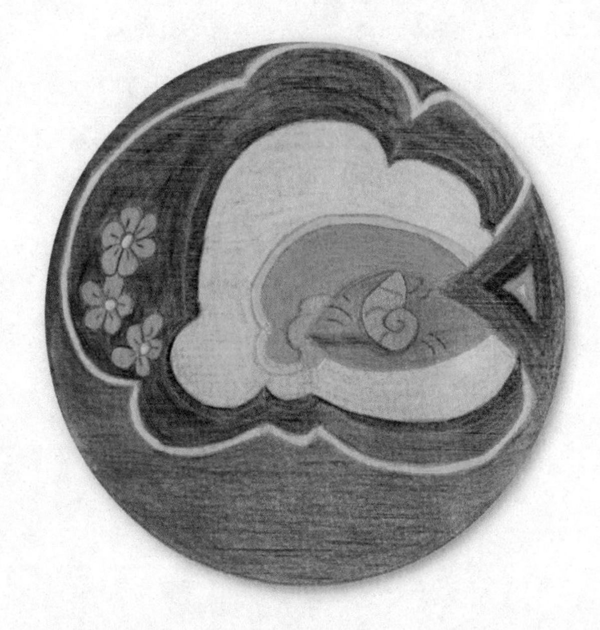

A los problemas

hay de dos…

Huir o Afrontar

Cuando una Dificultad aparece

es un gran momento para

Afrontar.

No sabía

Cómo avanzar

debido a un

problema

supe cómo hacerlo…

Seguir caminando

No importa CÓMO consigas lo que quieres

(mientras no perjudiques a alguien).

Lo que al final importa

es que lo hagas,

tú puedes conseguirlo,

¡L O L O G R A R Á S !

Si no sabes

por dónde

comenzar,

empieza

por donde sea.

El conocimiento

se toma de

todos lados,

sólo que debes

filtrarlo

por ti mismo.

Para aprender

a vivir,

¡se tiene que

vivir!

Me di cuenta que

no soy la única,

pero soy única.

Para aprender

a vivir,

¡se tiene que

vivir!

Me di cuenta que

no soy la única,

pero soy única.

Los pensamientos

son piezas de

rompecabezas

que flotan

en el aire.

Decir los pensamientos

en voz alta y/o actuarlos

es unir las piezas flotando en el aire

y armar ese rompecabezas.

Todos los famosos

alguna vez fueron desconocidos,

y todos son famosos

en su casa o trabajo

o para alguien lo fueron

aunque sea alguna vez.

Exigir

es más fácil que dar,

pero recuerda

que lo barato sale caro.

Mi cuerpo habla

mientras mi mente asimila.

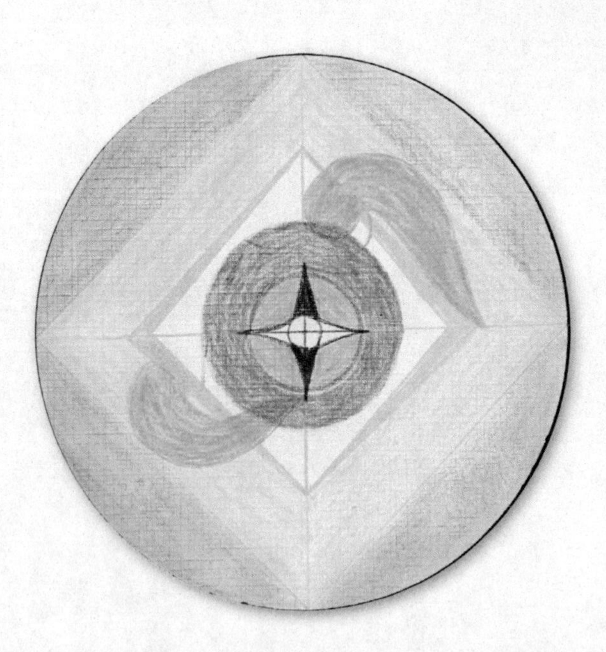

No te preocupes

por perderme,

ocúpate

por conquistarme.

Yo estoy contigo

porque quiero estar contigo,

No porque necesito

estar contigo.

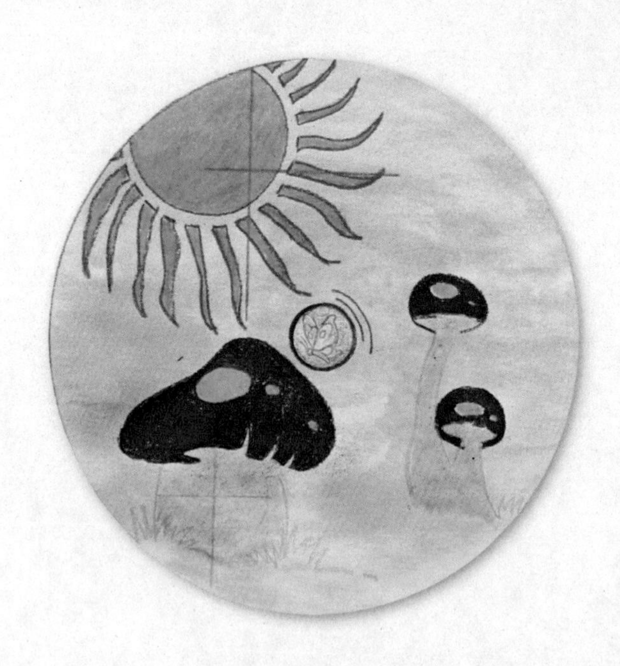

No eres

el centro

del mundo,

pero

sí eres

el centro

de tu mundo.

Si crees que

el ejercicio cuesta,

pregúntale a tu cuerpo

cuánto vale.

Hay veces

que vale más

no tener la razón

y ser Feliz.

Un cambio

implica

perder

y ganar

-valóralo-.

Es mejor que

disfrutes la Búsqueda

porque es la que te

lleva por el camino

a encontrar tu Destino.

No sigas las huellas

de tus antepasados

crea las propias.

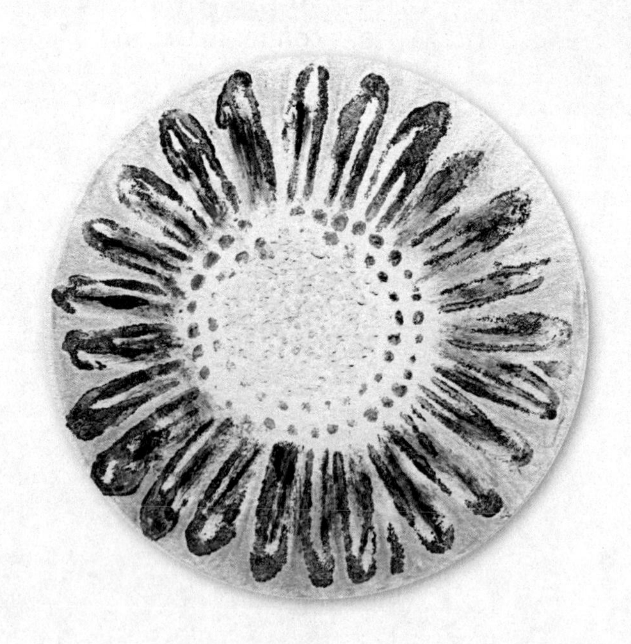

Para ver a los demás

necesito mis ojos;

Sin embargo

para verme a mí

necesito mis ojos,

un espejo,

y aún así no me alcanzo

a ver completa...

para vernos a nosotros mismos,

los defectos, las cualidades

se necesita algo más -

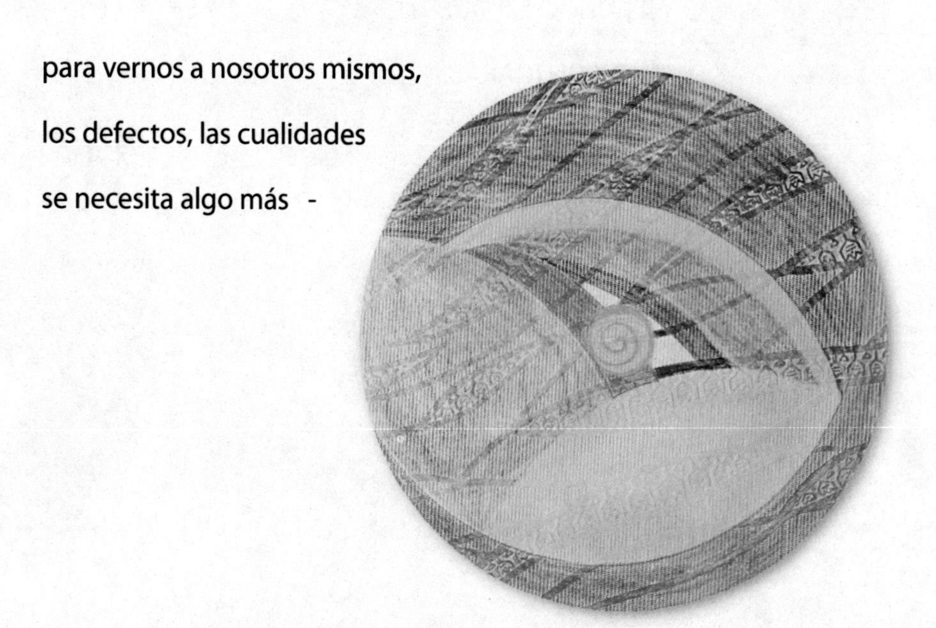

HALLAR EL PUNTO

A veces tu punto débil,

puede llegar a ser

tu punto fuerte,

la cuestión está en

hallar el punto.

YO CONFÍO EN QUE TÚ

LO ENCONTRARÁS.

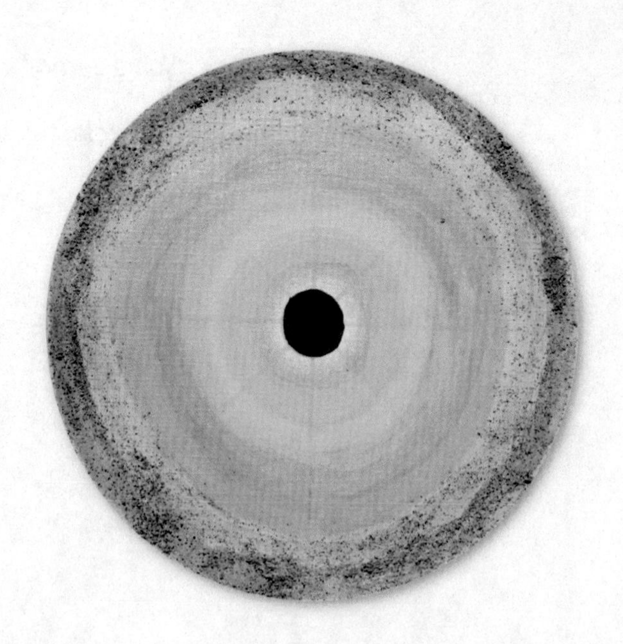

… pienso que

El misterio de Dios

eres tú,

soy yo.

Reconoce

la chispa divina

que hay en ti

y ella sonreirá

y te acompañará

iluminando

todo tu Ser.

Si está nublado

quizás no puedas ver

el sol, la luna o las estrellas,

pero eso no significa

que no estén ahí.

Cuando no sepas que decir

…   ¡Calla!

EL VERDADERO PODER

NO ESTÁ EN

CONTROLAR

a otras personas,

a los animales,

o a las cosas,

SINO EN

CONTROLARSE

UNO MISMO

y eso le corresponde

a cada quien,

ahí está la

GRANDEZA.

¿Quieres

Fuerzas

Intangibles

tener?

en el cerebro debes buscar,

corazón y alma poner,

cambios en tus pensamientos

con sentimientos hacer,

y así lograrás Poder

y Felicidad obtener.

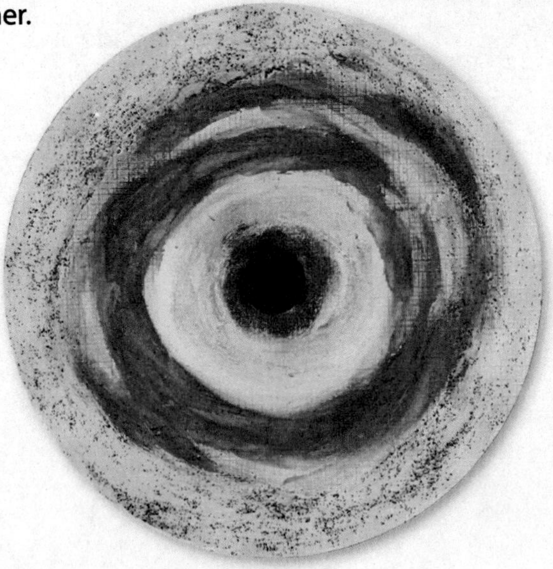

El que tenga mente para pensar...

¡QUE PIENSE!

y

El que tenga corazón para sentir...

¡QUE SIENTA!

Printed in the United States
By Bookmasters